한국의
詩는
시조

유상용 時調선집 2

이름의 길

도서출판 세화

■ 서문

시조시인의 말

미를 추구하는 문학예술에서 안 쓰고는 못 배길 시조가 내게 글을 쓰게 하지만, 참으로 피와 살을 말리는 힘든 창작이다.

한국 시조의 우월성은 자유시에 비할 바가 아님에도 우리 한국에서 큰 사랑을 받지 못함은, 시조시인으로서 할 말을 잊는다.

현대시조는 시를 위한 시조이지 창을 위한 시조가 아님을 말하고 싶다. 3 · 4조 정형을 지키면서 그 내용은 자유시와 다를 바 없이 자유로운 주제에 긴축과 함축미를 추구한다. 시조의 율격에 무릎 칠 혼이 담긴 작품을 염원하나, 상상력에 머물고 있어도 나는 내 길을 걸어 왔다. 비유보다 직유의 개성으로…

그래도 지울 수 없는 시조의 율격에 피 말리는 가슴의 적나라함, 심금을 울릴 소재의 말 찾으려고 내 안의 경험들을 마음 새워 찾는다.

살아 본 체험 속에 긴장이 절절한 한 편의 시조를 위해 오늘도 시조를 쓰고 있다. 거기마다 글 날이 빛나 운율의 숨결이 파동 치도록 미학적 충격을 위한 세계적인 시조를 써야 하는 의욕이 살아 있어 시조 쓰기를 계속한다.

현대시조 창작이란, 민족적인 율격과 서정적인 울림이 省察적 수련이듯, 형식이 중시되는 문학임을 일깨우는 현실에서 관념적인 지식보다 영혼에 스밀 내 삶의 어딘가를 써보려고 노력한다.

※ 괜찮다고 생각되는 작품들은 앞쪽 페이지로 모아 출간 했습니다. 감사합니다.

2023년 4월
부여 문화마을에서
遇石 유 상 용

遇石 유상용 시조시인

한국문인협회
2021 문학상(제3차) 시상식
미래일보

한국문인협회
제42차 전국대표자대회
일시 : 2022. 11. 1(화) ~ 2(수) 장소 : 롯데리조트부여 사비홀 주최 : (사)한국문인협회 주관 : (사)한국문인협회 부여지부 후원 : 부여군, 한국문협 충남지회

차례

저승의 아버지

여기 큰 세상에
아버지가 주신 목숨

사람이 그 이상일 수 없는 이 지상에서 내 삶의 거울이신 아버지, 세계에서 足跡이 크신 분들에게 삶의 지혜를 배우며 태산보다 흔들리지 않는 존재가 되라 하셨지요. 내 몸에 남아있는 시간은 여유를 갖기에 턱 없이 짧은 시간임을 어서 깨치라는 아버지셨습니다.

세계의 이데올로기 격변에도 국익은 모든 가치에 최우선 한다시고 코피 흘리는 공부가 애국의 길이며, 공부와 일을 침착과 동요 없이 조종할 줄 아는 자가 올바른 삶을 바라보는 아들 딸이 된다고 키워 주신 아버지.

사람에게 고통스러운 일이 없다면 그 아무것도 얻어지는 것이 없는 사회에서, 매사에 긍정적이고 활동적인 사람이 되어 내 운명을 변화시켜 나가라는 아버지셨습니다. 어떤 일이고 진실됨에서 시작되지 않으면, 거짓이 더 큰 거짓말을 불러 참됨은 끝내 조종 당하고 만다 하셨지요.

아버지! 사회 경제 전쟁터에서 부대끼다가 꼬치꼬치 마르시어 앙상한 어깨뼈에 肉骨을 사귤려도, 온 식구들 마음의 깊은 곳을 꿰뚫어 살피시며, 가족의 끈을 꽉 쥐시고 세상의 넓은 곳으로 날개를 달아 주시던 아버지! 내 것 중에 가장 귀한 것은 최고의 선택인 일이라고 강조하시던 아버지를 정면에서 보면, 외로우신 家長같고 측면에서 보면 저의 집에 神이십니다.

아버진
깊은 하늘을
공기 밟고
걸으십니다.

느티나무

한 발짝 못 움직여
내 필요함 내 안에 찾아
옥토자리 아니어도
일손에 의미 품어
못 갖춘
꽃나무이나
허공채운 삶의 무늬

허벅지 닮은 가지펴고
둥덩산 같이 곧추서서
그늘의 왕신王神이듯
근엄謹嚴한 느티나무
날마다
옹이 맺힌 일에
의연毅然함의 이 전율

온 몸에 옹이들은
생피 토한 흔적으로
논 밭에 농부처럼
일을 위해 사는 나무,
나 또한
일의 손길따라
그늘 밑을 떠납니다

용서

가슴안에 쌓이는
격한 울분 들고나와

번지는 너비만큼
소나기로 쏟아내어

구름들
저 너머에 있는
맑은 하늘 봐 달라네

야망

뇌 세포에 익힌 글줄
모두고 풀어내어

진리길에 펼치리다
나는 나로 서리다

내 목숨
거두어 가도
더운 피가 돌게하리라

국화

스러지는 풀잎 밟고
푸른 숲 떠난 자리

지는 잎 깔아놓고
화들짝 피어나서

노오란
숨결을 높이어
나만 보는 저 눈빛

두 생각 못하여
잎들이 지는 곳에

산들바람 흐름에서
꽃으로 돌아와

담쑥히
눈길을 뺏어
채워주는 주린 미美

팽이

내가 나를 알기위해
돌고 돌아 살다가

나를 내가 아는 것이
가장 높은 지식임에

사람은 목숨을 거두어도
더운 피가 도는 것

나는 나로

살아본 날들에 힘든다 해도해도
눈을 돌려 귀를 막아 대꾸하지 않는다
내 일들
지켜 낼 투지로
괴로움도 익힌다

내가 나를 알기 위해 돌고 돌아 살다가
땅 위에 산다는 것 기쁨만이 아님에
오늘도
살며 생각하며
나는 나로 일어선다

연연連延한 매듭에서 태어난 한 사람
쉼 없이 가고 가는 나의 길 내 길에
사람들
나를 무시해도
내 길만을 뚫고 간다

이름의 길

나 아니면 안 되는
내 세월에 남다른 업적業績

팽이처럼 돌다가
버리고 가는 것을

신명身命에
일의 성취는
불멸하는 이름의 길

소나무

어깨는 굽어 돌고 한 팔은 뒤틀려도
청청한 유업 쌓아 낮은 허공 받쳤는데
바람이
침엽을 딛고
왔다 가는 저 소리야

누대의 사는 길에 소나문들 편하랴만
누군가 찾아줄까 비늘몸 붉히면
짙푸름
끝 간 데 쯤에
배어나는 적막감

이를 길 끝 모를 바람이 말을 걸면
손끝으로 허공 잡고 맞아 주는 눈 웃음
구름도
늘 푸른 심성을
우러르다 돌아가네

그리고 봄

바람 시린 허공으로
늘 비비는 가지들

긴 냉기 밀쳐내고
새싹으론 아직인데

어딘가
가을엔 떠나련만
사는 숨결 꽉 채운다

손

손이 그려내는 삶의 그림 보아라
닳아진 손마디 사는 틈새 보아라
굳어진
손가락 사이
빠져나간 세월 흔적

손마디 굵을수록 손길은 길들여져
신명身命 받은 내 일에 와서 맺힌 땀방울
말없이
말을 하는 손
묻어나는 사는 얘기

둥그런 세상 굴레 손길로 순응하며
당당한 나를 그려 스며나는 나의 냄새
내 길을
가고 나면 그래,
웃음길이 여기여라

흔적

흘러가는 구름처럼
소유하지 못하고

새들의 깃털처럼
날아가는 인간사史

오늘을
쉬어 가기엔
너무 짧은 일생이다

산그늘

먹물로 번지는 듯 스미는 산그늘이
계절의 앙금을 삭히다가 쓸어내다가
모든 죄
그늘에 묻어 주고
용서하며 가려나

적막을 더하는 외딴집의 흙벽에
몸을 틀어 갸우뚱한
문설주 넘는 노을

일생을
넘나든 문턱
산그늘이 지운다

코스모스

무슨 말을 하려느냐
인사도 없는 내게

흔들림 그리 깊어도
누구나 반기려고

목줄기
밀어 올리어
미소 먼저 보내느냐

소

세월, 그 갈피로
지우지 못하는 굴레

역한 바람 타고
맴돌아 오는데

그 무슨
기약이 남아
논밭들을 일구나

못내 풀린 고삐에
달라붙은 생의 멍에

음성을 가누어서
빈 허공 찢어봐도

그렇게
돌아오는 것
번뜩이는 흉기날

잡초

산촌의 텃 밭에
뿌리채 뽑힌 잡초

땀이 베인 농부의
구릿빛 손등에다

살만한
터를 잡으려고
온 뿌리로
달라붙네

까마귀

몸 하나 짐 보따리 떨구며 꾸려가며
눈 덮인 산기슭 검은 선 긋는 뜻은
발자취
남기고 싶어
왔다 가는 걸음인가

눈을 이고 말문 닫은 강기슭 구비 돌아
자취 없이 가고 있는 까마귀의 날갯짓
눈 위에
청백한 살림
펼쳐보인 세간인가

내린 눈이 흙으로 돌아가기 그 전에
흔적을 남기려는 발길같은 날음에서
눈 위를
내 눈으로 걷는
여기 나도 한 까마귀

연기

가늣한 보람도
데려갈 수 없는데

검질긴 근심도
따라올 수 없는데

잠시간
머물다 떠나는
헛것들이 보이오

부모

사람됨의 아들이길 기도로 지새는 부모
언제라도 그렇듯 불효를 용서하시는
아들 딸
사랑하기 위해
사랑으로 희생입니다

자식의 괴로움들 대신 받기 원하시며
집 안팎의 일에 묻혀 고생의 구체적 침묵
내 생애
굴레 안에서
갚아야 할 빚입니다

하늘이신 아버지 땅이신 어머니
저의 길에 걸음마다 언제고 와 계시는
두 분의
자애심, 높은 덕
하늘을 꽉 채웁니다

어머니

부엌문에 오가는 바람
어머니 숨결입니다

처마 끝에 맺힌 이슬
자식 걱정 눈물입니다

내 이생
가슴시린 타향
와서 계신 어머니

아버지

아버지가 자식 얻는건
쉬울지 몰라도

대대의 아버지로
계신 말씀 못 따르오

자식들
키우는 일은
길고 긴 공부더군

울퉁불퉁 길들을
다듬어만 준다고

잔잔한 물살들로
그냥 흐름 아니어서

사람이
사람의 길 모르면
아버지로 어렵대나

나는 내가

어떠한 자리에도
필요한 사람 못 됨은

내게서 풍긴 인품
나를 내가 못 깨침이다

나 다운
길을 찾다가
바보도 돼봐야지

내 어머니

고추밭에 앉아 쉬는
구름 한 조각밑에

일 손을 멈추고 숨 돌리는 어머니

호미에
붙어살려는 잡초
풀과 싸움
일생입니다

농가 흙과 대화 속에 어머니의 삶에서

닳고 헐은 손가락 사이
해는 서산에 기웁니다

창문에
초승달 걸고
자식 위해
손 모으시네

영원보다 영원의
저 하늘 밑에서

양철집 문으로 오는 어머니의 신명身命은

천정에
배어 계시는
조상 말씀
"일"입니다

상록수

담장 밑 한 그루가 짙푸름 굽힘 없어
계절은 그냥 가고 세월만 보고 있네
늘 푸른
조상 유업에
시간들도 멈추네

풀숲을 스친 바람 그리 많은 변명 속에
뿌리 깊은 고목처럼 빈말로 나서지 않고
철마다
번뜩이는 심성
뿌리 내력 지켜낸다

옷 벗은 가지들에 날선 바람 나달대도
손 끝에 열기 세워 하찮은 듯 참아내는
이 겨울
창백한 숨소리
횟수 줄여 낮추는 몸

한 그릇

가뭄에 목마름
샘물도 마르는데

내 그릇은 어찌되어
이슬물도 넘치나

한 그릇
무지만 쌓아
큰 그릇이 되려 하네

묘지

한평생 길을 닦아 쌓은 인품 어디 두고
땅 밑의 시간 멈춘 캄캄한 그곳에
가고는
못 돌아올 곳
왜 그렇게 계십니까

돌 틈 사이 한 줌 흙에 누구의 부름 있어
말문 닫고 돌아누워 높은 인품 사글리며
그 자리
무슨 연연에
돌아오지 못합니까

내려앉은 땅 거기쯤 살점마저 내어주어
뼈에 닿는 흙을 깨워 풀뿌리 싹 틔우고
어디로
또 가십니까
말라버린 눈물로

단풍들다

올 곳까지 와버린
냉기 품은 바람에

떠나갈 단풍잎들
못다한 통곡소리

지새는
잎들의 눈물
아는 만큼 산도 운다

강가에서

흘러도 그 자리에 쉼 없는 채움에서
강뚝에 부딪치는 물살들을 평정하는
저 강은
흐를 줄 알게 됨을
진실되게 말한다

강물은 왔다 가도 강은 거기 두고 살며
물결의 파장으로 흐름을 말하는 강
손바닥
넘치는 욕구들
물살에 씻으라네

물

내 안으로 흘러온 물
생명수로 사는 것을

없으면 주검인데
흔해서 귀함 없네

잊고서
사는 날들은
물에 죄를 짓는 것

빈 술병

낙엽들이 쌓이는
어느 기슭 거기쯤

등을 대고 누워 있는
빈 술병 하나가

세월이
흘러갈수록
누군가를 기다린다

이별의 한이야
빈 술병 뿐이랴만

홀로의 적막함을
버텨내는 나날인데

빈 술병
스치는 바람
무심 겹겹 스민다

바위

내 안의 나 끼리
세상 흐름 깨치다가

실금의 바위 틈에
등을 미는 바람 본다

바위틈
흙 한점 사이
스러지면 뭣이 되나

먼지

먼지를 일으키는 비포장길 버스에서
한 생명 일생이 먼지로 일어선다
누군가
잠시 왔다가
흔적 없이 가고 있네

숨기려도 보이는 비포장길 생명으로
부대끼다 가고 있는 세파의 발길이나
내 일생
왔다 가는 순리
지키려고 일어선다

물결이 만드는 순간의 거품처럼
바람 앞에 흩어지는 뭉클한 먼지가
일생에
한 생활 내력
보여주는 사람아

나룻배

바람만 왔다 가는
비탈진 강가에

나룻배 삭아 내려
달빛도 못 싣네

갈대가
바닥을 뚫고
손님으로
와서 앉네

첫눈

자자로이 속삭이며 찾아오는 첫눈에
손 끝에 날개 달아 마음 열어 반기려면
하얀 몸
더럽힐 수 없어
허공에 곧 스미나

올해도 기약하고 그대 올듯 내리건만
묘지 열고 손 흔들며 그 사람 왜 못 오나
첫눈을
그 님이듯이
맞으려다
혼자이네

고목

아픔을 다 끝내고
긴 잠에 들었는가

건들면 다시 깨어
한 마디 할 듯한데

어딘가
빈 손으로 떠난
마른 눈물
거두오

대

높은 허공 우러러
물길을 거꾸로 당겨

바람을 갈라 내며
휘청이는 고절孤節에

이 겨울
가운데 쯤에
하늘보다 푸르름

남다른 유업으로
푸른 뼈대 이어받아

속마음 희게 비운
곧은 혈기 장장 시련

몸 세워
하늘 간데 쯤
온 세상을
바로 세운다

부부

넉넉한 눈빛에서
긴 세월 믿음 관심

마주 보고 앉으면
편하고 위안되는

얼굴도
닮아 가더니
하나 되는
두 마음

사람 그림

주름의 고랑 따라 먼 길을 와 있네
밀려 쌓인 일손에 펼 수 없는 허리이나
언젠가
사람아는 그림
그려야 할 내 얘기

누군가 또 오고갈 세상의 길목에서
허공이 비바람으로 바위를 으깨듯이
내 시간
잡아 일하면
보람으로 바뀔것

못 돌아올 곳으로 가야하는 유전무상流轉無常
이나,
남아있는 내 시간들 끝까지 지켜내어
기어이
사람 그림을
그려두고 가야한다

사람 그림 2

하늘 밑에 사람 그림
생긴대로 그리지만

그런대로 저런대로
사람속은 못 그리듯

구름 밑
산다는 것은
보임 없는 속마음

셋방살이

부엌문도 제 짝 잃고
방문도 비틀려

마음도 찢겨나가
문풍지에 나풀대네

땀 배인
속옷을 입고
다시 젖는 도시 살이

고갯길 구불구불
고시랑 소리는

상처난 속 마음에
신음하는 소린데
빈 손에
혼자 버티는
민주 바람 쌩쌩하다

장미

내일이면 떠나 갈
그 말을 못다 하여

어느 눈이 주린 미美를
채울런지 그럴런지

울 넘어
잠시 왔다가
벌써 떠난 빈 자리

배추를 본다

풀잎들은 핏줄 말라 이 가을을 떠나는데
누구의 부름으로 북녘바람 밟고 와서
냉기찬
이슬을 받아
푸른 세상 물들이나

낙엽 사이 너를 보면 녹진한 봄날인 듯
팔팔한 여력이 내 몸에 배어난다
가을로
배추가 와서
내 마음의 싱둥함

억새꽃

기러기 떼 하늘 그림
초겨울을 말하는데

저녁놀에 물드는 꽃
가을이 깊어졌나

저 바람
꽃잎에 앉아
그려내는 계절 무늬

뒤를 보니

내 몸의 주름들
고랑을 따라서

길을 물어 갔더니
더듬어 왔더니

내 잠시
머무는 여기가
거기인 듯
싶어라

허리가 휘도록
먼 길을 돌고 돌아

없으면 없는대로
나이만큼 살았건만

내 업적
남은 곳 없어
죽어서는
어쩌랴

까치 발자국

너절한 땅 덮어준 눈
빈 가지에 눈꽃좀 봐

대문 앞 까치 발자국
살아가는 시련인 것을

햇볕이
보고 가더니
흔적 없이 지우네

산방에서

반짝이는 도시 문화
벗어난 산촌에

낙엽 지고 기러기 날아
소나무에 눈 쌓이니

깊은 산
자연스런 순리
바람 맑아
숨길 편타

산기슭 맑은 물
그리고는 산골에

홀로 지새는 산방에
찾아주는 이 없어도

눈송이
와 주는 곳에
그들이
손님일래

사람과 사람

세상에서 내편은
얼마나 될까몰라

멀고 가깝고 내 편이길
사람 욕심 더하는데

만나고
잊어야 할 것은
좋고 나쁨 가림이네

시조 시인時調 詩人으로

산고産苦의 나날을 겪으신 어머니,
내게는 시조時調밭에 글자꽃 피우랍니까

글 쓰라
신명身命받은 나
피 말리는
임신 중

심신의 혼이 담긴 내면을 비추려고
마음에 불 밝히어 사념思念을 태워도

나답게
겪어본 나날
바로 낳아
못 키우네

긴장이 절절할
한 줄의 함축미含蓄美,

말에 말 깊은 운율韻律 잡힐 듯 가버리어

긴밀한
유기적有機的 관계
그 통일은
언젠가

더 깊이 내재內在된 충격적인 체험을
공감할 감동感動으로 무릎 칠 그 날 기려

밀도密度의
내면 성찰省察을
세상 앞에
보였으면

새벽 종

한 줄기 소리빛이
이슬 밟고 달려와

녹을 씻는 음성으로
어루만져 주더니

내 안에
쌓이는 말씀들
하늘문에 오르네

휴전선 철마

구멍난 철마의
총탄의 자국들을

들고 나는 멧새가
피 멍울진 기억 불러낸다

그 누가
아랫도리 불 지펴
남 북 땅을
달릴거나

잡목들 사이 철길 찾아
달려 볼 그날 기려

쇄가 쇠로 부서지는
철마의 깊은 적요

남 북이
손에 손을 잡아
그 언제나
달릴거나

세상 그림

하늘밑에 세상 그림
생긴대로 그리지만

그런대로 저런대로
속 그림은 아니듯이

구름 밑
산다는 것은
겉 모습의 세상 그림

눈眼

눈길은 번개 같아도
내 코도 못보면서

변하지 않는 하늘 진리
어디쯤 볼거나

상대의
마음 빛깔도
못 가리는
눈길인데

시간이 날 딛고 가는
내 세월 나를 잃고도

내가 날 안다고 믿어
내 눈에 내가 속아

이제야
내 시간 짧어지고
입술 가에
침 마른다

면벽

방 벽에 쌓여있는
부모 말씀 깨치려고

스르르 눈을 감고
벽 속 말에 귀를 열면

언젠가
벽이 걸어나와
등 다독일
그 날은

감이 익는 마을

가을을 지새우는
감들이 붉어져서

담 너머 이웃집 홍시
허락 없이 따 먹었네

남의 집
감 하나 딴 죄
걸음마다
붙어 산다

죄와 멀리 살아보려
산촌에 왔는데

죄는 늘 양심에
붙어서 살려 하네

마음에
드러나는 죄
죄를 죄로
못 씻는다

됨됨이

바다가 깊고 깊어도
땅 위에 머무르고

산등이 높다 해도
허공의 밑인데

됨됨이
높고 깊다고
남을 밑에
보려는가

큰 길을 찾아서

땅의 바른 길에
하늘 말씀 침묵인데

내 안의 나를 깨워
길에서 길을 찾는

성현들
발자국 크기를
헤아리며
걷는다

사람이 사람다워
입 다문 그를 찾아

심신 깊은 사람이려
현인 잡고 일어선다

발 끝에
바람 일도록
성현 큰 길
찾아 간다

목련

하얀 얼굴 흰 미소
내 님에 보이려니

깜빡이는 눈 끝으로
언제 벌써 가고 없네

세상에
불멸할 이름
남기고 간 짧은 목숨

일

세상에 온 사람이니
일을 위한 일인데

손 발이 뒤틀리고
손지문이 지워진다

신명身命에
등골휘는 일이
가정 이룬 보답이다

일 2

삶으로의 여정에서
서로 닮은 가정 살림,

옷 속에 땀 주머니
키워야 하는 나날에

편안만
꿈꿀 수 없는
사람 아는
사람아

허공의 시간들은
늘 젊게 살건만

오늘은 다시 없을
나의 길 내 일들에

발걸음
또렷이 밟으려
딛고 또
딛는다

바위며 돌이며
그래도 길 막힘

잡다한 골짝마다
막혀라, 눈물 핑 돌도록

무던히
내 길을 찾아
돌고 돌아
여기이네

공부와 일

엉덩이 겉옷이 닳고
팔꿈치 옷이 해지도록

책상앞에 나날이 앉아
끈기로운 공부, 공부

책 안에
진리의 학식
캐 올리는 피 말림

세상에 온 사람이니 일에 일하는 일인데

어제 일에 멈짓하여
오늘 일에 등골 휘네

일에 일
손 발이 뒤틀리고
지문들이 지워진다

올거야

일에 일들 안 풀려도
올거야 뉘 뭐래도

오던 길이 꽉 막혀도
뚫고 내게 올거야

하던 일
쌓아온 업적은
꼭 올거야 언젠가는

독거獨居 노인

조금씩 집어 내어
바닥난 쌀자루

독거 노인 한숨 따라
겨울이 깊어 간다

빈 내장
오글리는 소리
방 안을
채운다

산골 깊은 움막에
가진 것 없는 노인

텅 비인 쌀자루가
숨 죽어 앉을 때

노인의
커지는 한숨
빈 자루를
채우네

물거품

허리가 휘도록
몰아치는 세파에

없으면 없는대로
돌고 돌아 사는 것을

웬 것이
등을 툭 밀치어
흔적 없는 내 육신

간이역

평행선 레일만
산비탈 돌아가고

구름 그림자 몇 가닥
간이역 깔고 앉아

만나고
헤어지는 얘기
가만가만
듣고 있다

동강 잘린 벼 포기들
줄 서 있는 논둑 너머

녹스는 철로 길에
팔을 베고 누운 풀들,

간이역
문화 흐름에
分福누린
잡초들

들꽃

볼수록 못났대도
대꾸하지 않는다

하찮다고 천대해도
나는 나로 일어선다

살면서
흘리는 눈물은
마른 눈물 모른다

사랑

세상에 태어나서 살아만 오다가
심장이 그려내는 애모가 더 깊어
말없이
말을 하는 것
사랑으로
오고 있네

공허를 다 태워도 끓는 피로 남아
떨어져 보이지 않아 하루가 길어지는
삼켰던
침이 굳어져
목이 타는
사랑 줄

떠남을 염려하여 애타는 눈빛으로
잊히지 않는 그만큼 내 안에 새겨 놓고
웃음도
눈물도 없을
더 깊이가
보여 온다

풍경소리

날 혹시 만나거든
참 말을 하리다

쇠 속의 아픔에서
속내를 말 하리다

깨끔한
하늘길 베인
바른 말들 이라오

시조時調 쓰기(Ⅰ)

심금心琴 울릴 숨은 뜻
말에 말 찾으려고

내 안의 문맥文脈들
마음 세워 찾는다

무릎 칠
글줄은 간 데 없고
된소리만
길어라

살아 본 체험 속
긴장이 절절할

한 줄의 시조 위해
속아림의 주름살

언제나
글날이 빛나
거기마다
감동이랴

시조時調 쓰기(Ⅱ)

그래도 지울 수 없는
한 마디 시조時調 안고

그을린 옹이 가슴
닦아내는 적나라함,

마른 피
가슴을 열고
말을 깁는
속 앓이

서울에서

서울의 끈을 잡고
또 하루 시작에서

매연은 가로수 잎에
검은 침을 뱉는다

오가는
사람들마다
마음의 문
닫히네

서울 공기 무거워 숨길 가쁜 날들에
숨 쉬는 사이마다 공짜 없는 도시 바람,

물질의
맥이 흐르는
큰 빌딩만
다른가

도시의 하늘따라
거기마다 사람 공해

굳게 다문 입술에
마음 닫힌 걸음들

여름날
구름도 없는데
무척이나
추워라

해

하늘의 한 곳에만
눈알만큼 큰 키로 서서

온 지상 못다 지킨
그대는 상생자다

음지에
자리 편 살림
해를 몽땅 갖고 싶다

산골물

골 깊은 산골에
길을 닦는 물살이

돌아오지 못할 곳을
왜 그리 가야 하나

누군가
잡아줌 없어
못 멈추는
걸음인가

산이 높아 더 높아
깊은 기슭 거기쯤

내가 개울에 준 것
아무것도 없는데

물소리
흰 음성으로
나를 위해
달려오네

농가 일기

몸 낮추고 허리 굽혀
말하는 저 개울물

토담집 연기 흔들고
문 밖에 선 바람

조상이
놓고 떠나신
농촌의 고운 인심

봄비

사뿐한 발소리에
소곤거리는 대지 뒤안

새색시 발소릴
용케도 알아본다

토질에
산발한 뿌리
잔병들을
털어낸다

가진 것 빼앗던
삼동三冬의 혹한은 가고

흙을 밟는 저 소리에
편편히 숨길 펴는

나 또한
봄비 기리는
한 나무의
뿌리된다

봄빛

살점이 찢기우는
한때의 아픔에서

가녀린 빛줄기에
눈 비비는 초목들

골짝은
색깔을 건져내어
온 산천에 뿌린다

행주산성

조상의 손길이
흔적으로 남은 성벽

적막 배인 돌틈 사이
자라 온 이끼 위로

풀잎을
깨우는 바람
선조님들
발길인가

가신님 목숨 바쳐
싸워 지킨 돌벽 위로

흰 나비 선을 긋고
행주산성 넘는 뜻은

후손에
문안 주시는
한 장 엽서
소식인가

낙엽

가지와 이별하고
개천따라 어딜가나

거짓 없는 물결에서
다시 살아 보려는가

흐름에
끝 간데 쯤의
그곳은 어디인가

제 멋에

날아간 새들의
흔적도 모르면서

이 시간을 놓치며
무엇을 얻었다고

제 멋에
남다를 자존自尊,
눈썹 올려
뭐라 한다

누군가의 남보다
위쪽에 서고 싶어

높이로 더 높이
발꿈치 높이다가

뭔가를
보고 깨친듯
입 다물고
눈을 감네

노년기

꼬치꼬치 마른 살갗
추하다 할건가

세상 길 돌고 돌아
쏟아지는 살비듬이나

노년은
경험 추억이 쌓인
헛것 아닌 제 2 인생

자화상

학식의 타래를 연이어 풀어보면
어설픈 지식들로 구겨진 휴지 같다
나는 내
안에도 없고
바깥쪽도 보임 없다

현실보다 한 발 늦는 이론의 아집에서
눈을 뜨고 번들대도 못 따르는 선현들
더불어
사는 사회도
못 지키는 하찮음

내가 나를 모르는 사회 속의 존재로
무릎 꿇고 깨칠 곳을 비로소 알아가니
내 안에
내가 보여 오며
사회 흐름
알아가네

마른 눈물

오지않는 기다림
눈물없는 눈물을

가슴에 묻어두고
울고나면 뭣하나

눈가에
매달린 수심
어둠에도 밝아라

보름달

구름의 다리 사이 둥글게 내비칠 때
땅 위의 거기마다 은빛의 살 내음
풀들도
싱그런 눈빛
사는 일상 빛낸다

허공 너머 저 하늘 그리 많은 사연 안고
처마 끝에 내려와 들려줄 듯 머뭇거림
품은 꿈
야망을 깨우는
둥근 얼굴 나도 되네

함박눈

간밤에 눈이 쌓여
그 사람 정녕 올가

쌓인 눈을 녹일 듯
문틈에 빛나는 눈빛

연이어
바라 보노라면
덮인 눈이
녹을 거야

하루살이 1

어제도 내일도
네겐 없는 세상에서

남은 오늘 날개 펴고
네 이름을 닦아야지

단 하루
주어진 시간에
이름 남길 일 해야지

하루살이 2

단 하루 목숨으로
뼈대의 이어내림

왔다 가는 흔적을
남기려는 날개 짓

오늘의
헛됨이 없는
들찬 하루
살았노라

단 하루 목숨이나
세상을 살았으니

일에 일 일에 살다
속지름 벗어나

하루의
여여로움을
조상님께
감사한다

땀방울

둥그런 땀방울
얼마나 쏟아 내야

김이 서린 밥그릇
그 맛을 알거나

기어이
내 그릇 찾아
땀방울로
채우리

내 아내

미소에 뜻을 담고
속 깊은 생각에서

변변찮은 이 몸을
믿어주고 따라주어

그리도
바라봐 주는
다시 없을 사람아

손마디가 굵도록
혼신 다해 지킨 가정

눈뜨면 곁에 있어
불러도 다시 좋은

세상을
온통 뒤져봐도
없고 없을 내 당신

가다가

가야할 길 가고 있는
내 길이 여기인데

갈 길을 가고 가다
스러지면 뭣이 되나

죽어도
다시 돌아올
이름의 길 찾습니다

잔디

거친 땅 빈한 살림
가슴 펼 날을 기려

탓도 없는 자갈밭에
유연히 굽힌 허리

머리에
내려 앉는 것
빗물만이 아니다

북녘으로 굽은 등을
허리 한 번 펴려고

실리는 삶의 무게
돌 틈 사이 기대면

밟혀도
파래지는 끈기
온 세상이 푸르다

주인 없는 묘지

흙에서 흙으로
사그라진 봉분 밑에

잠들지 못한 뼈들로
묘역 없는 묘지 본다

땅에서
못 밝혀낼 묘
길을 잃은 뼈들이여

게으름

내 일을 못다 하고
사는 길 탓하며

고됨을 벗으렴은
자신을 속임이다

앉을 곳
마련 못하고
누울 자리
먼저 찾네

사람으로 태어나
내 자리 못 지켜도

남이 닦은 자리는
넘보지 말아야지

내 시간
미끄러지도록
놓아두진
말아야지

은행나무

한 자리 곧추서서
키를 높혀 반깁니다

심장 모양 정을 보태
노란 눈물 바칩니다

가을에
오실 줄 알고
손님 맞이 준비라오

장성댐

장성군 거기쯤에 한때의 강을 막아
샛강들 화합으로 물의 부를 일으켜
메마른
세상 인심을
설득하며 앉아 있다

백양사 골짝에 몸을 씻은 물살이
기슭을 휘돌아서 장성댐에 이르러
둥근 듯
넉넉한 몸에
가슴 열고 젖을 물린다

산

미움도 반김도 없이
능선과 구릉 거느리고

천로天路의 영원성에
우주 이치 깨친 듯

허공의
너비만큼을
가슴팍 펴고 선다

덕이란

진리는 가까워도
참 말들은 먼 곳인데

남의 허물 탓 않고
거짓말들 감싼다고

내게로
덕이 다가와서
슬금슬금 쌓일까

넓고 깊은 강물처럼
뉘를 만나든 화합하며

차별없는 대우로
언제고 반겨주면,

오늘도
베풀고 챙겨주면
몰래 와서 쌓이는 것

갈림길

내 길을 못다 익혀
갈림길에 물으니

양 길을 가로막고
고행길로 가라하네

고행길
어디쯤 돌아와야
갈림길이 또렷하랴

물소리 1

골짝이 그려내는 기슭을 따라서
바위 틈에 몸을 씻은 야무진 물줄기가

노래할
틈을 찾다가
내게로 흘러오네

흘러도 그 자리 채워지는 물줄기에
옷깃을 여미고 물소리 잡으려면

손바닥
넘치는 욕구
물살에 씻으라네

물소리 2

물소리는 오늘도
숨김없이 말을 한다

불고 가는 바람처럼
빈 말들은 안 한다

언제고
거짓 없는 저 소리
닮아서 살아보리

장마

햇빛을 밀어내는
오랜 나날 빗줄기

빗방울 천하에
울고 우는 생명들

개천가
잠긴 꽃들을
물살들이 밟아댄다

장마 2

쉼없는 빗방울에
잃어버린 저 하늘

버티는 힘 챙기는
온 잎들이 튕겨낸다

빗줄에
수그린 얼굴
벌 나비는 언제 보나

농부

토담집 텃밭에
곡선 긋는 괭이소리

물집 손 피멍 뽑아
밭고랑 다독인다

농부의
구릿빛 얼굴에
흙냄새가
배어난다

산기슭 쿵쿵 울리는
저 괭이질 소리에

흐르던 땀을 쓰윽
문질러 닦아낼 때

괭이 끝
닳아진 윤기에
씨앗들은
빛살 줍네

농촌

몸 낮추고 허리 굽혀
노래하는 개울물

기슭에서 오는 바람
토담집 연기 흔드는 곳

조상이
놓고 떠나신
농촌의 고운 인심

갈대

제 자리 잡으려고
긴 목 휘둘리는

잎들의 마른 눈물
목줄기 타 내리어

온 종일
목 쉰 음성으로
무슨 말을
하려한다

산다는 것은 울고 웃고 기쁨만이 아닌듯

귀 열고 다시 들으면
남 모를 울음인 것을

할 말이
그리 많아서
바람소릴
못 듣는다

단풍바람

북녘바람 달려와
가지 끝에 앉아서

잎들 눈물 핑 돌게 하여
붉고 노랗게 울리더니

그 눈물
아름답다고
온종일을 웃어대네

배움

금가지 아니라도
실한 열매 맺고저

대학 강의 학식을
일깨우는 날들에

내일의
꿈으로 학업
하루를 또
잃는다

늙지 않고 서 있는
학교 진리 깨치려고

날개 달린 시간에
내 날개를 달아

밟혀도
파란 잔디처럼
학식의 싹
틔우네

말

바람은 계절이고
흐름은 세월인데

물소리는 언제고
속임없는 말을 한다

말 속에
거짓이 없는
물소리로 살으리

초겨울

풀잎들 스러져서
누군가 만날 때

지는 낙엽에 손을 들어
물어볼 말 있는데

나무가
대신 말하려고
빈 가지로 나선다

뚝방길

뚝방길 걸으면 물소리 노래한다
산기슭 나무 그림자 석양빛에 물들고
나뭇잎
지는 저 소리
내게로 낙엽진다

끝 가는 뚝방길에 적막이 차오르고
빈 가지에 매달린 잎 산그늘이 지우는데
한 생명
뚝방길에서
농촌 산하 숨길 편다

참새 부부

전신주 윗 구멍에
둥지를 튼 참새부부

사는 방법 변형으로
편견을 밀어내도

빗방울
둥지에 쏟아져
숨막히는 이 떨림

가는 길

가는 길 쉬 가려고 지름길을 찾다가
갈림길 그런 길을 돌아서도 가다가
주름의
고랑을 따라
먼 길을 와 있네

삿대질 해대며 뭇이대로 가다가
가는 길 미로에서 머리칼도 뽑히다가
언젠가
사람 아는 그림
그려야 할 내 얘기

산다는 것

배워서 아는 만큼
보이는 세상에서

가고 있는 내 시간에
일에 일로 채움에서

가는 길
닦고 닦아내어
내 이름을 쓰는 것

들국화

두 생각 못하고 기우는 석양 빛에
몇 겹의 속옷 사이 가슴 활짝 열면
바람도
고독한 발길로
흰 구름을 밀어낸다

깊은 하늘 우러러 서릿바람 반기어
스러지는 들녘을 얼굴펴고 지키는
금빛의
숨결 소리가
먼 향기로 남는다

모래

파도가 겉옷 벗겨
뽀얀 속살 보인다

신명身命받은 내 일에
굽어진 허리를

네 몸에
맡기고 보니
너는 나의 연인이다

시간 2

산기슭 빠져나온 계절의 흐름따라
산야의 생명들 변하고 있는데

덩달아
따라 흐르는
호흡 속의
내 시간아

강물은 흘러도
어제처럼 젊은데

늙어가는 내 시간은
멈춤이 보이잖고

가버린
내 시간들은
다시 못올
죽음아

시간 3

물살은 흘러가도
물은 두고 간다

대해大海는 보이잖고
물쫄렁 웬 갈림길

목 빼고
멈칫하려니
서산 이미
지는 해

통화

튀어나온 침방울에
송화기 떠난 말들

거두어 지울 수 없는
실언만 늘어놓아

내 나를
힐책하는 말
어떤 말도 보탬 없네

짧은 생각 말이 되어
입술의 헛디딤

말에 말을 못 가린
통화는 끝이 나서

뒤늦게
인품답지 못함을
깨우쳐도 때가 늦네

아기 웃음

거짓이 섞임 없는
아기의 웃음에

행여나 울음 될까
그느하게 안아보면

하이얀
앞 니 두 개, 그래
나라 기둥 한국 미래

새벽달

없는 말로 말을 하는
저 달의 흐름 본다

휘어진 달 허리쯤에
하얀 진심 채우려니

새벽달
나이만큼이나
지은 죄를 못 싣네

주인 없는 하늘에
허리 굽은 하현달아

네 허리에 담을 수 있는
내 행실을 챙길 동안

새벽이
몰고 오는 바람
나를 밀어 내겠지

이슬

비워서 채우려는
부푼 가슴 한 때로

풀잎의 끝을 잡고
살길을 더듬는데

웬 것이
툭 밀쳐내어
흘러내린 내 눈물

폭포 1

골짝에 쏟아내는
골 깊은 산울림에

계곡이 일어나서
풀숲으로 춤을 추고

바위는
저 소리에 놀라
금이 하나 늘어난다

산골이 쪼개질 듯 넘치는 힘 저 소리에
산기슭 물살들은 물소리로 노래하고
물결은
흥에 겨워서
샛강을 넓힌다

폭포 2

핏물 어린 목청을 높이고 높인 울림
깊은 유곡 흔들어 눈을 뜨는 초목들
물살은
무슨 즐거움에
골짝 따라 춤을 추네

절벽 밑에 몸을 던져 그 무엇을 남길 듯
뼈 속까지 내어주는 한 일생의 수직말로
초목들
거기마다 찾아
젖을 물린 물살 본다

산골을 평정한 잔잔한 물결은
그 무슨 바램에서 누군가 만나려는지
땟물을
콸콸 씻어내고
물안개로 오르네

눈물 1

눈물에 맺힌 진심
침묵으로 부족한가요

거짓없는 흰 마음
눈물로 안 되나요

물 위에
떨어진 눈물
물결만이 알까요

눈물 2

동그라미 못 그린
눈물 줄기 하나가

비워서 채우려면
뺨에서 날려가도

그 눈물
지워지지 않고
거짓 찾아 밀어낸다

산행

도시 하늘 벗어나
폼을 잡는 산에 들면

골짝의 맑은 바람
목청 높인 물소리

노송은
그늘을 보내
내 다리를 주무른다

빈 농가

비틀려 매달린
부엌문 사이로

들고 나는 바람만
적막을 깨우는데

대문 앞
지워지는 길
뜬구름만 왔다가네

성묘省墓

땅 밑의 유골에
함께 닿는 천심으로

화살처럼 탱탱하게
저승까지 당겨가는

한 생애
못다 닦아 온
하늘의 창 닦는다

저 바람

스치는 저 바람에
그대 음성 들려와

돌아서서 반기려니
간데없는 그녀이네

저 바람
불고 가더니
그대를 숨긴거야

백마강

낙화암 팔을 벌려
삼 천 궁녀 넋을 안고

황산벌 구비돌아
백제로 오는 세월

백마강
사비성 영혼들
길 안내는
했는가

허수아비

헐은 옷에 마른 입술
수심어린 저 몸짓은

홀로인 적막함에
마음 둘 곳 없음인가

온 하루
너스레 떨면
벼들은 춤을 추네

공기

살아서 가는 곳마다
따라와 살려주는

숨 쉬는 순간마다
내것으로 있어준 것

없으면
곧 주검인데
알고 몰라 귀함 없네

가고 있는 길

가고 오는 계절따라
젊음은 가버렸네

내 세월에 날 잃고도
내가 나를 안다 했네

언제쯤
내가 나를 알아서
이 세상에 바로 설까

한 나무

음지에 박토자리
허리 휘는 일에 일들

조상 유업 탓도 보태
빛살 쫓는 이 숨막힘

이것이
세상에 온 연연連延
나는 나로 한 나무

양심

하늘과 땅이 있어
누군들 못 살으랴

어쩌다 악심 묻어
바른 맘에 누가 될까

치떨어
거짓을 몰아내고
하늘 말씀 받아 안네

사람은

비가 오면 오는대로
눈이 오면 그런대로

한 세상 그럭저럭
이렇게만 사는건가

사람은
그런 사람 아니라
일하러 온 일꾼이야

풀은 다시

끌려가던 쨍한 날에
탓도 없던 그 떨림

누군가 부름 있어
긴 냉기 밀치고 서면

온화한 빛살의 천하
새싹으론 아직이다

실언

바람에 풀잎처럼
하고픈 말 못참아

내 말에 책임 못가릴
입술 여는 어리석음

하던 말
연이은 실언
말한 말에 허물된다

독수리

허공이 네 것처럼
날개 펴고 차지한 너

네가 나로 날고 싶다
너로 내가 되고 싶다

하늘에
날품을 팔더라도
날개 달아 날고 싶다

다시 간다

내 길이 여기 있어
가고 가고 또 간다

가는 길 가다가
스러지면 뭣이 되나

이름이 살아날 수 있는
그 길 찾아 걷습니다

의심

보고도 못 믿을 것
떠도는 구름이고

보이지 않아 못 믿을 것
왔다 가는 바람인데

내 우주
살아볼 날들에
구름 바람 겪어야지

저 산은

저 산은 자리를
떠나본 적 없는데

한 자리에 앉아서
세상을 다 돌아본 듯

계절의
흐름에 따라
눈 인사만 보낸다

빈 손

자연스런 세월 흐름
잡아두지 못하지만

악수도 못해보고
가고 마는 사람들

거두는
숨소리에서
빈손인 곳 세상 본다

하현달

말 없는 말로 떠나면서
진실한 말만 하는

새벽달 휘인 허리쯤
하얀 마음 채우려니

하현달
나이만큼이나
지어온 죄 못 신네

백발 1

한 삶의 모퉁이에
흐른 세월 돌아보니

조여매던 허리끈에
여기 저기 멍든 흔적

겹겹이
지난 내 시간들
언제 벌써 백발이네

백발 2

없는 길로 달려온
백발을 어쩔거나

젊을 때 여자나
더 깊이 알아둘걸

세월이
내 피를 먹고 있어
쪼그라진 주름 본다

연꽃

와 주오 모두 와 주오
미소 짓는 내 얼굴로

그대 번뇌 받아 안아
진흙 깊이 묻으리다

그대들
반김 없다면
지옥엔들
못 가리까

시조, 사유思惟와 노고勞苦로 가는 문인의 길

遇石 유 상 용

현대 시조는 물론 정형률의 시조지만 현대로 발전하면서 자유시의 내재율과 같으면서도 종장의 원칙을 지키며 반전의 시조로 감동을 일으켜야 하는 한국 시詩입니다.

우리 시조가 더욱 발전의 길로 나아가 해외에서도 사랑받는 시조가 되도록 홍보가 많기를 염원합니다.

현대시조는 창(노래)을 위한 시조가 아니라 시詩를 위한 시조라고 말하고 싶습니다. 한국의 시조 문학을 세계적으로 발전시키려면 회원님들부터 내재된 울림에 감동이 있어야 하므로 저변확대에서 창작열이 깊어야 할 것입니다.

안 쓰고는 못 배길 문인의 길은, 남다른 사유思惟의 길이요 오장五臟을 저미는 노고의 길 입니다.

자연과 서정적 삶의 인식론적 차원에서, 소재의 구체적 함축미를 찾으려면 적나라한 상상력에서 감동도 배일 것입니다.

• 부여 문화마을에서

나룻배
유상용
바람만 왔다 가는
비탈진 강가에
나룻배 삭아 내려
달빛도 못 실네
갈대가
바닥을 뚫고
손님으로 와서 앉네.

-단시조-
국 화
유 상 용
푸른 숲 빠져나간
맑은 하늘 흰 구름
지는 잎 깔아놓고
화들짝 피어나
노오란
순결 높이어
나만 보는
저 눈빛
유 상 용(시조시인)
·전남 장성 출생
·(사)한국문인협회 이사 역임
·중앙대 문인회 감사 역임
·사비문학회 고문
·중앙대 문학상외 다수 수상
-연시조-
산 그 늘
유 상 용
먹물로 번지는 듯
스미는 산 그늘이
계절의 앙금을
삭히다가 쓸어 내다가
모든 죄
그늘에 묻어주고
용서하며
가려나
적막을 더하는
외딴집 흙벽에
몸을 틀어 가우뚱한
문설주 넘는 노을
일생을
넘나든 문턱
산 그늘이
지운다
2016년 9월
아내가

遇石 유상용 시조시인

- 전남 장성 출생
- 서울 대신고교 졸
- 서라벌 예술대학(문예창작과) 졸
- 중앙대 예술대학원(문학예술학과) 수료

- 「중앙일보」 시조 지상 백일장 장원 2번
- 「현대시조」 1991년도 등단
- 중앙대 문학상, 윤동주 문학상 외 다수 수상

- 중앙대 문인회 감사 역임
- (사)한국 문인협회 이사 역임
- (사)한국 시조협회 이사
- (사)한국 문인협회 전통문학 연구위원
- (사)한국 시조협회 자문위원
- 부여 사비문학회 고문

- 「날개 달린 시간」, 「산그늘」,
「살며 생각하며」, 「새벽은 다시 온다」,
「유상용 時調선집 나는 나로」
「유상용 時調선집 2 이름의 길」 출간

21545
인천시 남동구 석촌로 34, 3동 302호(삼익목화Ⓐ)
전화 : 032-439-7733, 010-8456-7733
E-mail : ysysiin@hanmail.net

※ 유상용 연보는 생략합니다.

한국의 詩는 시조
유상용 時調선집 2

이름의 길

초판 1쇄 발행 2023년 4월 20일

지은이 유상용
펴낸이 박 용
디자인 상수은
펴낸곳 도서출판 세화
등록 1978년 12월 26일 제 1-338호
주소 경기도 파주시 회동길 325-22(서패동 469-2)
전화 영업부 (031)955-9331~2 편집부 (031)955-9333
팩스 (031)955-9334 **홈페이지** www.sehwapub.co.kr

정가 12,000원
ISBN 978-89-317-1205-6 03800

유상용 시조선집 「이름의 길」을 구입하실 분은
아래로 연락주시면 우송해 드리겠습니다.
농협 352-1483-0581-13
시인 유상용 (032)439-7733, 010-8456-7733
ysysiin@hanmail.net